# Sankt Martin ritt durch Schnee und Wind

Erzählt von Gesa Rensmann
Mit Bildern von Karina Grünwald

DON BOSCO

An einem kalten Wintertag ritt Martin gemeinsam mit anderen Soldaten durch die verschneite Winterlandschaft. Alle Soldaten trieben ihre Pferde an. Noch vor Einbruch der Dunkelheit wollten sie die Stadt erreichen. Dort gab es eine warme Gaststube mit gutem Essen und einem weichen Bett zum Übernachten.

Der eisige Wind peitschte Martin und seinen Freunden ins Gesicht und die Pferde mussten durch den tiefen Schnee stapfen. Aber Martin war zuversichtlich, dass sie bald an ihrem Ziel ankommen würden.

Schon näherten sich die Soldaten der Stadt, als sie vor dem Stadttor einen Bettler im Schnee sitzen sahen. Trotz der Kälte trug er keine warme Kleidung. Sein Körper war nur mit ein paar armseligen Lumpen bedeckt und man sah ihm an, dass er durchgefroren war.

Mit müden, leeren Augen blickte der Bettler Martin und die anderen Soldaten an. „Helft mir“, flüsterte er mit heiserer, kaum zu vernehmender Stimme.

Die Soldaten wollten gerade beginnen, den Bettler auszulachen und zu beschimpfen, da ritt Martin direkt auf den Armen zu.

Martin nahm seinen prächtigen warmen Wintermantel von seinen Schultern, zog sein Schwert und teilte damit den Mantel in zwei Hälften.

Behutsam reichte er dem armen Mann die eine Hälfte seines Mantels und nickte ihm zu. Der Bettler nahm den Mantelteil sprachlos entgegen.

Als der Bettler schließlich ein leises „Danke“ murmelte, hörte Martin ihn schon nicht mehr. Er hatte die anderen Soldaten angetrieben, schnell weiterzureiten.

Noch in der gleichen Nacht hatte Martin einen seltsamen Traum. Er sah Jesus vor sich, bekleidet mit der Mantelhälfte, die er dem Bettler geschenkt hatte.

Jesus schaute Martin an und sprach zu ihm: „Das Gute, das du dem Bettler getan hast, hast du auch mir getan. Dafür danke ich dir.“

# Sankt Martin ritt durch Schnee und Wind

### Volkslied aus dem Rheinland

2. Im Schnee saß, im Schnee saß,
im Schnee, da saß ein armer Mann,
hatt' Kleider nicht, hatt' Lumpen an.
„O helft mir doch in meiner Not,
sonst ist der bittre Frost mein Tod!“

3. Sankt Martin, Sankt Martin,
Sankt Martin zieht die Zügel an,
das Ross steht still beim armen Mann.
Sankt Martin mit dem Schwerte teilt
den warmen Mantel unverweilt.

4. Sankt Martin, Sankt Martin,
Sankt Martin gibt den halben still,
der Bettler rasch ihm danken will.
Sankt Martin aber ritt in Eil
hinweg mit seinem Mantelteil.

5. Im Traum sah, im Traum sah,
im Traum sah er ein glänzend Licht,
dazu ihm eine Stimme spricht:
„Hab Dank, du lieber Reitersmann,
für das, was du an mir getan!“

**Karina Grünwald** ist in der Ukraine geboren und in Deutschland zur Schule gegangen. In beiden Ländern fühlt sie sich zu Hause. Derzeit lebt sie in Berlin und arbeitet an verschiedenen Kunstprojekten für Galerien und in der Werbung.

**Gesa Rensmann,** Lehramt Grundschule, arbeitet als Verlagslektorin für Pädagogik und lebt mit ihrem Mann und zwei Kindern bei München.

1. Auflage 2020 / ISBN 978-3-7698-2477-3

www.donbosco-medien.de
Illustrationen: Karina Grünwald
Layout: ReclameBüro, München
Satz: Don Bosco Medien GmbH, München
Druck: Prografix, Polen